Impressum
Verlag: BABADADA GmbH, Nedderfeld 112 , 22529 Hamburg
Geschäftsführer / Verlagsleitung: Harald Hof
Druck: Books on Demand GmbH, In de Tarpen 42, 22848 Norderstedt

Imprint
Publisher: BABADADA GmbH, Nedderfeld 112 , 22529 Hamburg, Germany
Managing Director / Publishing direction: Harald Hof
Print: Books on Demand GmbH, In de Tarpen 42, 22848 Norderstedt

okul

shule

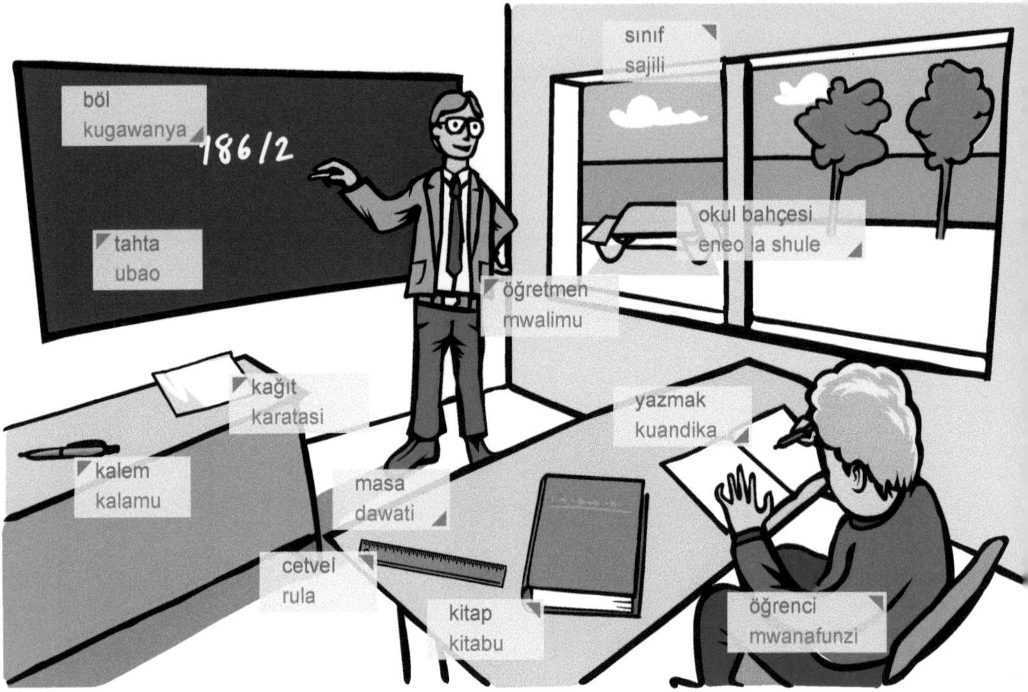

sınıf
sajili
böl
kugawanya
186/2
tahta
ubao
okul bahçesi
eneo la shule
öğretmen
mwalimu
kağıt
karatasi
yazmak
kuandika
kalem
kalamu
masa
dawati
cetvel
rula
kitap
kitabu
öğrenci
mwanafunzi

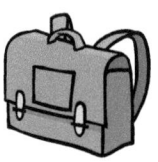

okul çantası

mkoba

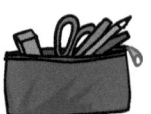

kalemlik

kikasha cha penseli

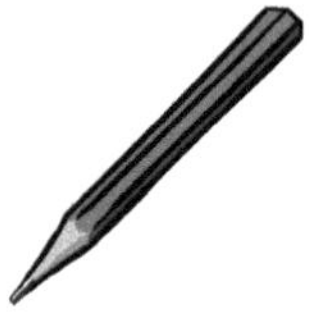

kurşun kalem

penseli

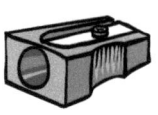

kalem açacağı

kichonga penseli

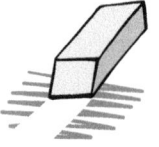

silgi

mpira

çizim defteri

pedi ya kuchora

çizim	resim fırçası	boya kutusu
uchoraji	brashi ya rangi	sanduku la rangi

makas	tutkal	alıştırma kitabı
mkasi	gundi	daftari
	sayı	ekle
ödev	nambari	jumlisha
kazi ya nyumbani		

ödev
kazi ya nyumbani

12

sayı
nambari

2+2

ekle
jumlisha

çıkar
ondoa

2×2

çarp
zidisha

hesapla
kokotoa

harf
barua

ABCDEFG
HIJKLMN
OPQRSTU
VWXYZ

alfabe
alfabeti

kelime
neno

metin

maandishi

okumak

kusoma

tebeşir

chaki

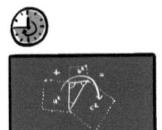

ders

somo

kayıt

sajili

sınav

uchunguzi

sertifika

cheti

okul forması

sare za shule

eğitim

elimu

ansiklopedi

elezo

üniversite

chuo kikuu

mikroskop

darubini

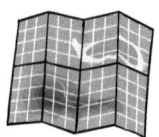

harita

ramani

kağıt çöp kutusu

kikapu cha kuweka karatasi
chafu

seyahat
usafiri

otel
hoteli
Grand
pansiyon
hosteli
ROOMS
döviz bürosu
ofisi ya ubadilishanaji
bavul
sanduku
otomobil
gari

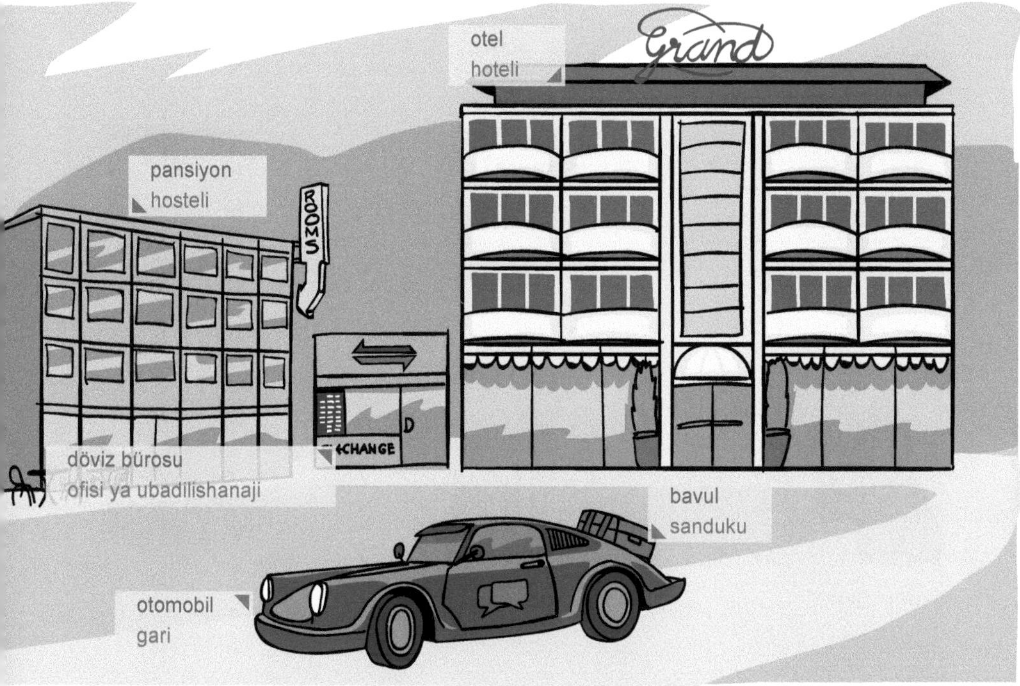

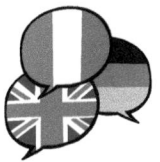

dil

lugha

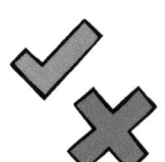

evet / hayır

ndiyo / la

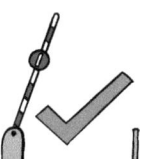

Tamam

sawa

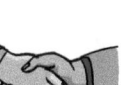

merhaba

hujambo

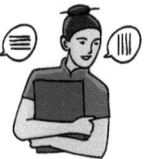

çevirmen

mtafsiri

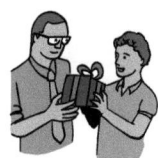

Teşekkür ederim

Asante

bu ... ne kadar?

kiasi gani ni ...?

anlamadım

Sielewi

problem

tatizo

İyi akşamlar!

Jioni njema!

Günaydın!

Habari za asubuhi!

İyi geceler!

Usiku mwema!

güle güle

kwa heri

yön

mwelekeo

bagaj

mizigo

çanta

mfuko

sırt çantası

shanta

misafir

mgeni

oda

chumba

uyku tulumu

begi la kulalia

çadır

hema

turist danışma

taarifa ya utalii

sahil

ufuo

kredi kartı

kadi

kahvaltı

kifunguakinywa

öğle yemeği

chakula cha mchana

akşam yemeği

chakula cha jioni

Bilet

tiketi

asansör

kuinua

pul

muhuri

sınır

mpaka

gümrük

mila

elçilik

ubalozi

vize

visa

pasaport

pasipoti

ulaşım
usafiri

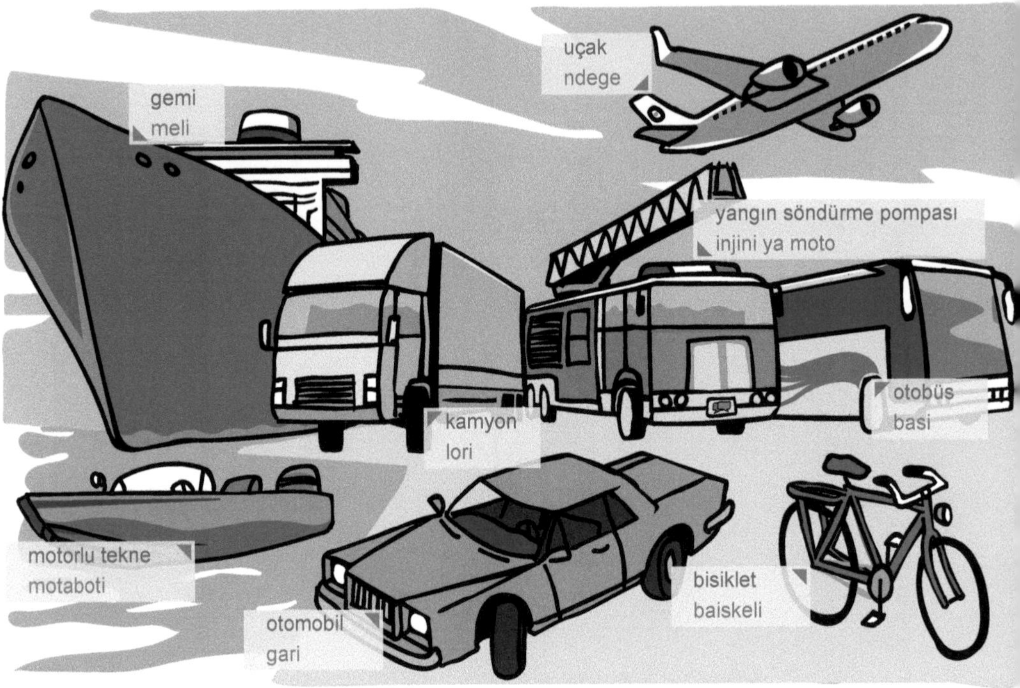
uçak
ndege
gemi
meli
yangın söndürme pompası
injini ya moto
otobüs
basi
kamyon
lori
motorlu tekne
motaboti
bisiklet
baiskeli
otomobil
gari

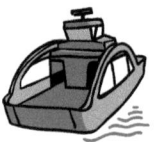

feribot

feri

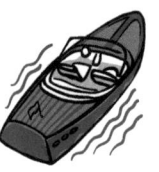

bot

mashua

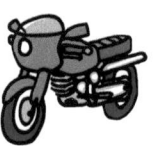

motosiklet

pikipiki

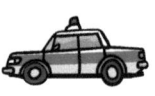

polis arabası

gari la polisi

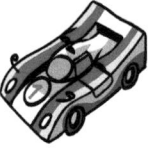

yarış arabası

gari la mashindano

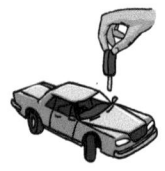

kiralık araba

gari la kukodisha

ortak araba

kushiriki gari

çekici

lori la kuvuta

çöp kamyonu

ukusanyaji taka

motor

motor

yakıt

mafuta

benzinlik

kituo cha mafuta

trafik işareti

ishara trafiki

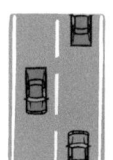

trafik

trafiki

trafik sıkışıklığı

msongamano

otopark

maegesho

tren istasyonu

kituo cha treni

ray

reli

tren

garimoshi

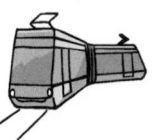

tramvay

tremu

vagon

gari la mizigo

helikopter
helikopta

havaalanı
uwanja wa ndege

kule
mnara

yolcu
abiria

konteyner
chombo

koli
katoni

yük arabası
mkokoteni

sepet
kikapu

kalkış / iniş
ondoka

şehir
jiji

köy
kijiji

şehir merkezi
katikati ya jiji

ev
nyumba

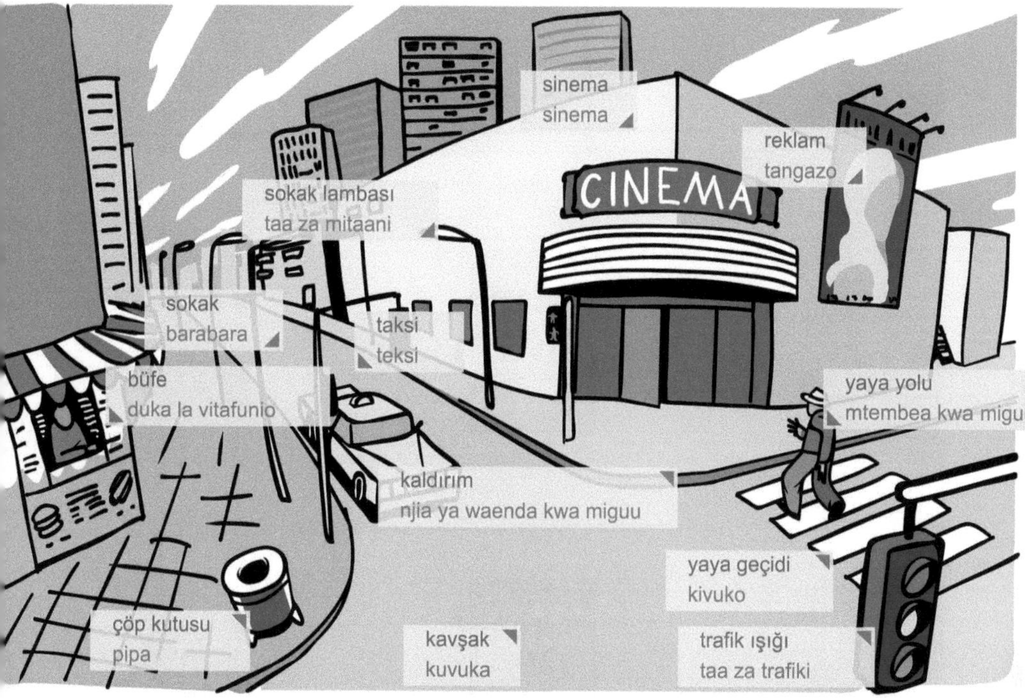

sinema
sinema

reklam
tangazo

sokak lambası
taa za mitaani

CINEMA

sokak
barabara

taksi
teksi

büfe
duka la vitafunio

yaya yolu
mtembea kwa miguu

kaldırım
njia ya waenda kwa miguu

yaya geçidi
kivuko

çöp kutusu
pipa

kavşak
kuvuka

trafik ışığı
taa za trafiki

kulübe
kibanda

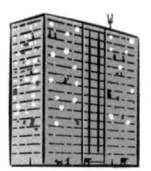

apartman dairesi
gorofa

tren istasyonu
kituo cha treni

belediye binası
ukumbi wa mji

müze
Makavazi

okul
shule

üniverste

chuo kikuu

banka

benki

hastane

hospitali

otel

hoteli

eczane

duka la dawa

ofis

ofisi

kitapçı

duka la kitabu

mağaza

duka

çiçekçi

duka la maua

süpermarket

dukakuu

market

soko

büyük mağaza

idara ya kuhifadhi

balık satıcısı

mwuza samaki

alışveriş merkezi

kituo cha ununuzi

liman

bandari

park

Hifadhi

bank

benki

köprü

daraja

merdiven

vidato

metro

chini ya ardhi

tünel

handaki

otobüs durağı

kituo cha mabasi

bar

bar

restoran

mgahawa

posta kutusu

sanduku la posta

sokak tabelası

ishara ya barabara

otopark sayacı

mita ya maegesho

hayvanat bahçesi

bustani ya wanyama

yüzme havuzu

kidimbwi cha kuogelea

cami

msikiti

çiftlik
shamba

kirlilik
uchafuzi

mezarlık
makaburini

kilise
kanisa

oyun alanı
uwanja wa michezo

tapınak
hekalu

arazi
mazingira

yaprak
jani

yön tabelası
ishara ya mwelekeo

yol
njia

çayır
malisho

taş
jiwe

ağaç
mti

yürüyüşçü
mtembeaji wa masafa

ırmak
mto

çimen
nyasi

çiçek
ua

vadi

bonde

tepe

kilima

göl

ziwa

orman

msitu

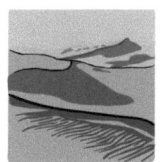

çöl

jangwa

volkan

volkano

kale

ngome

gökkuşağı

upinde wa mvua

mantar

uyoga

palmiye

mtende

sivrisinek

mbu

sinek

kuruka

karınca

chungu

arı

nyuki

örümcek

buibui

böcek
mende

kurbağa
chura

sincap
kuchakuro

kirpi
nungunungu

yabani tavşan
sungura

baykuş
bundi

kuş
ndege

kuğu
swan

yaban domuzu
nguruwe mwitu

geyik
kulungu

geyik
aina ya kongoni

baraj
bwawa

rüzgar türbini
tabo ya upepo

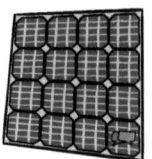

güneş paneli
nishaji ya jua

iklim
hali ya hewa

restoran
mgahawa

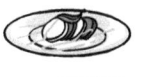

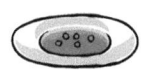

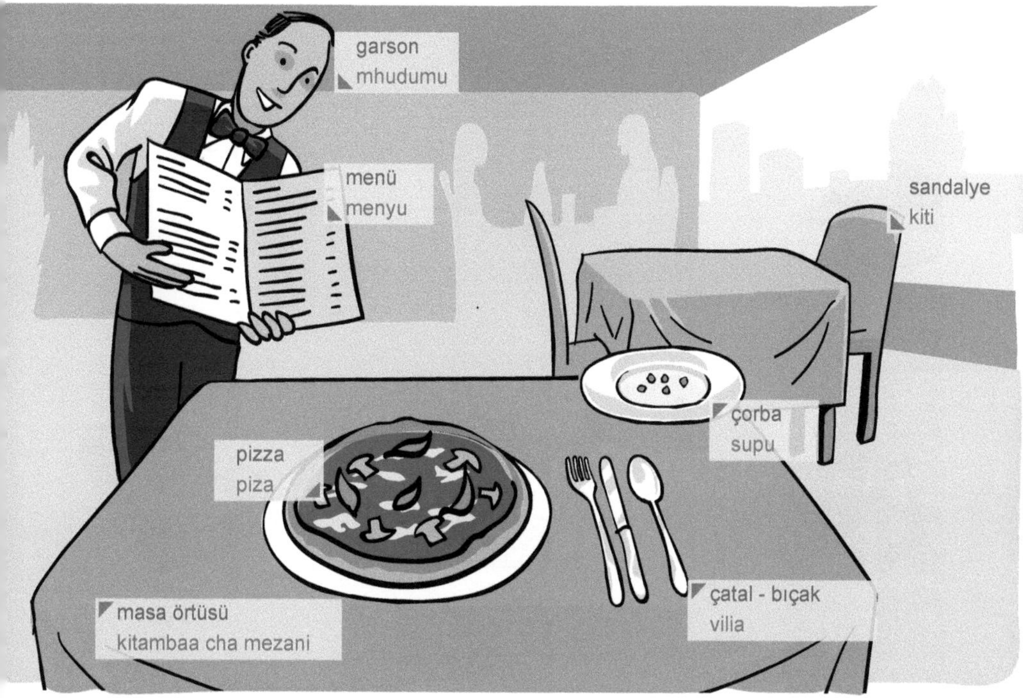

garson
mhudumu
menü
menyu
sandalye
kiti
çorba
supu
pizza
piza
masa örtüsü
kitambaa cha mezani
çatal - bıçak
vilia

başlangıç

kiamsha hamu

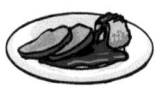

ana yemek

kozi kuu

tatlı

kitindamlo

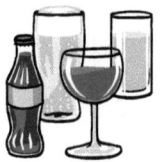

içecekler

vinywaji

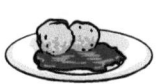

yemek

chakula

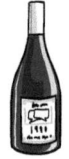

şişe

chupa

fastfood

chakula cha haraka

sokak yemeği

Streetfood

çaydanlık

buli

şekerlik

kisanduku cha sukari

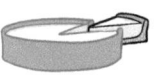

porsiyon

sehemu

espresso makinesi

mashine ya espresso

mama sandalyesi

kiti kirefu

fatura

muswada

tepsi

trei

bıçak

kisu

çatal

uma

kaşık

kijiko

çay kaşığı

kijiko cha chai

servis peçetesi

nepi

bardak

glasi

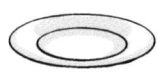

tabak
....
sahani

çorba kasesi
....
sahani ya supu

fincan altlığı
....
sufuria

sos
....
mchuzi

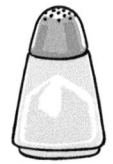

tuzluk
....
kichanyaji chumvi

karabiber değirmeni
....
kinu cha pilipili

sirke
....
siki

yağ
....
mafuta

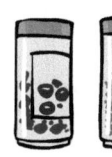

baharat
....
viungo

ketçap
....
kechapu

hardal
....
haradali

mayonez
....
kachumbari nzito

süpermarket
dukakuu

özel teklif
ofa maalum
FOR
müşteri
mteja
süt ürünleri
maziwa
meyve
matunda
alışveriş arabası
toroli

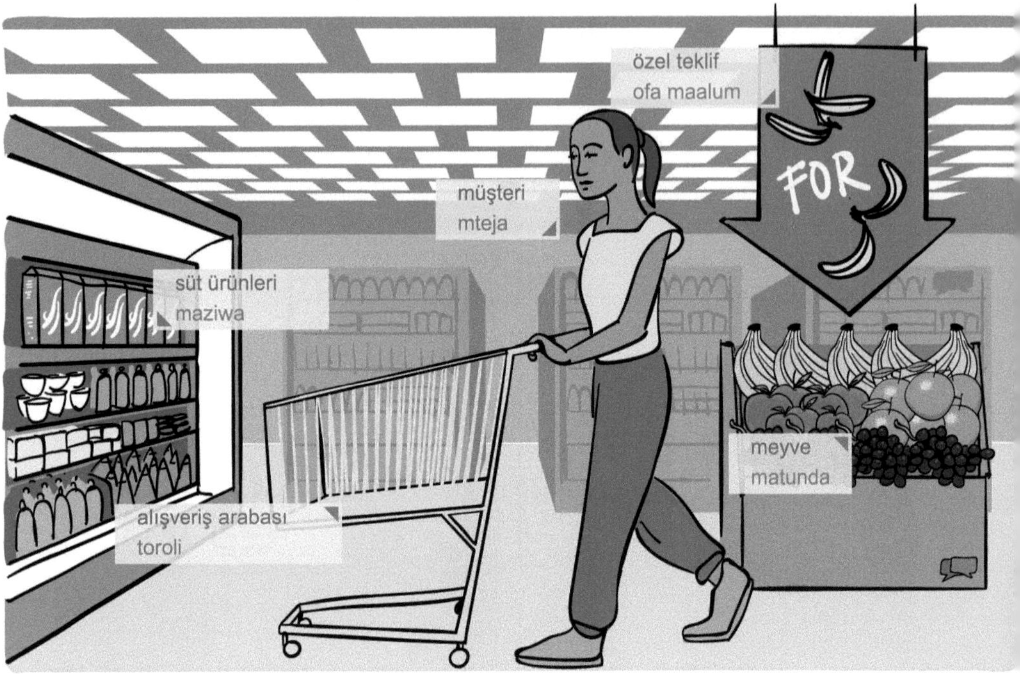

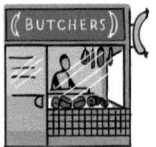

BUTCHERS

kasap

mchinjaji

BAKERY

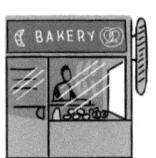

fırın

mwokaji

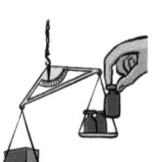

tartmak

uzito

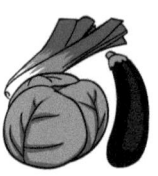

sebze

mboga

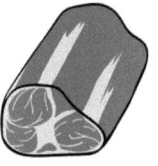

et

nyama

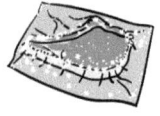

donmuş gıda

chakula waliohifadhiwa

söğüş et

vipande vya nyama baridi

konserve yiyecek

chakula cha kopo

toz deterjan

sabuni ya unga

şekerlemeler

pipi

ev temizlik ürünleri

bidhaa za kaya

temizlik ürünleri

bidhaa za kusafisha

satış görevlisi

mtu mauzo

yazar kasa

mpaka

kasiyer

keshia

alışveriş listesi

orodha ya manunuzi

açılış saatleri

masaa ya ufunguzi

cüzdan

mkoba

kredi kartı

kadi

çanta

mfuko

plastik poşet

mfuko wa plastiki

su
maji

meyve suyu
sharubati

süt
maziwa

kola
coke

şarap
mvinyo

bira
bia

alkol
pombe

kakao
kakao

çay
chai

kahve
kahawa

espresso
spreso

kapuçino
kapuchino

muz

ndizi

elma

tufaha

portakal

machungwa

kavun

tikiti

limon

lemon

havuç

karoti

sarımsak

kitunguu saumu

bambu

mianzi

soğan

kitunguu

mantar

uyoga

çerez

karanga

makarna

nudo

spagetti

spageti

pirinç

mpunga

salata

saladi

cips

vibanzi

patates kızartması

viazi vya kukaanga

pizza

piza

hamburger

hambaga

sandviç

sandwichi

şinitzel

kipande

pastırma

paja la mnyama

salam

salami

sosis

soseji

tavuk

kuku

rosto

choma

balık

samaki

yulaf ezmesi

oats ya uji

müsli

muesli

mısır gevreği

cornflakes

un

unga

kruvasan

kroisanti

küçük ekmek

andazi

ekmek

mkate

tost

mkate wa kubanika

bisküvi

biskuti

tereyağı

siagi

kaymak

maziwa mgando

kek

keki

yumurta

yai

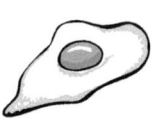

sahanda yumurta

yai kukaanga

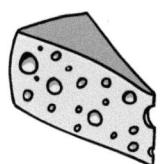

peynir

jibini

dondurma

aiskrimu

şeker

sukari

bal

asali

reçel

jemu

fındık ezmesi

kuenea kwa chokoleti

köri

mchuzi wa viungo

çiftlik
shamba

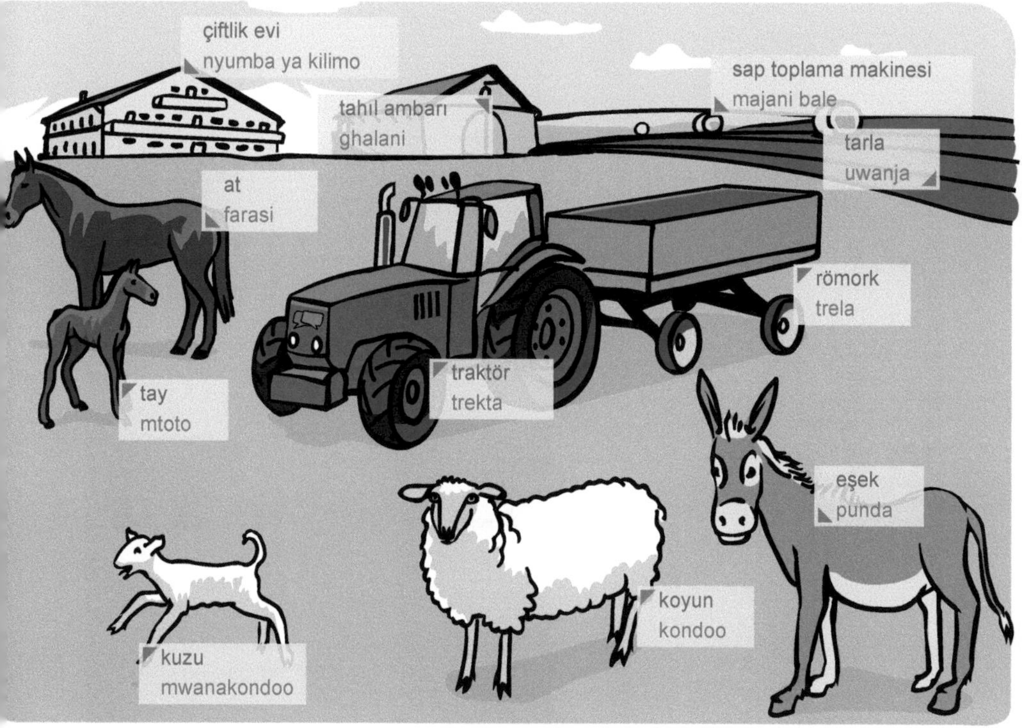

çiftlik evi
nyumba ya kilimo
tahıl ambarı
ghalani
sap toplama makinesi
majani bale
tarla
uwanja
at
farasi
römork
trela
traktör
trekta
tay
mtoto
eşek
punda
koyun
kondoo
kuzu
mwanakondoo

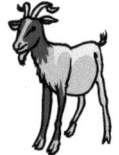

keçi
mbuzi

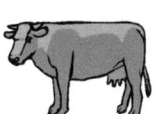

inek
ng'ombe

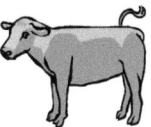

buzağı
ndama

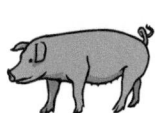

domuz
nguruwe

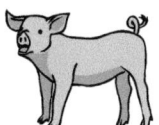

domuz yavrusu
mwananguruwe

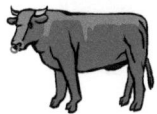

boğa
fahali

kaz

batabukini

ördek

bata

civciv

kifaranga

tavuk

kuku

horoz

jogoo

sıçan

panya

kedi

paka

fare

panya

öküz

ng'ombe

köpek

mbwa

köpek kulübesi

nyumba ya mbwa

bahçe hortumu

bomba la bustani

sulama kabı

debe la kumwagilia maji

tırpan

fyekeo

pulluk

kulima

orak
mundu

çapa
jembe

dirgen
uma wa nyasi

balta
shoka

el arabası
toroli

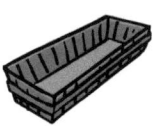

yemlik
kupitia nyimbo

süt kovası
chombo cha maziwa

çuval
gunia

çit
ua

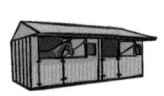

ahır
imara

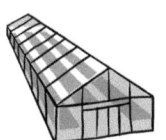

sera
chafu

toprak
udongo

tohum
mbegu

gübre
mbolea

biçerdöver
kivunaji

hasat etmek
mavuno

harman
mavuno

tatlı patates
viazi vikuu

buğday
ngano

soya
soya

patates
viazi

mısır
mahindi

kolza
rapa

meyve ağacı
mti wa matunda

manyok
muhogo

hububat
nafaka

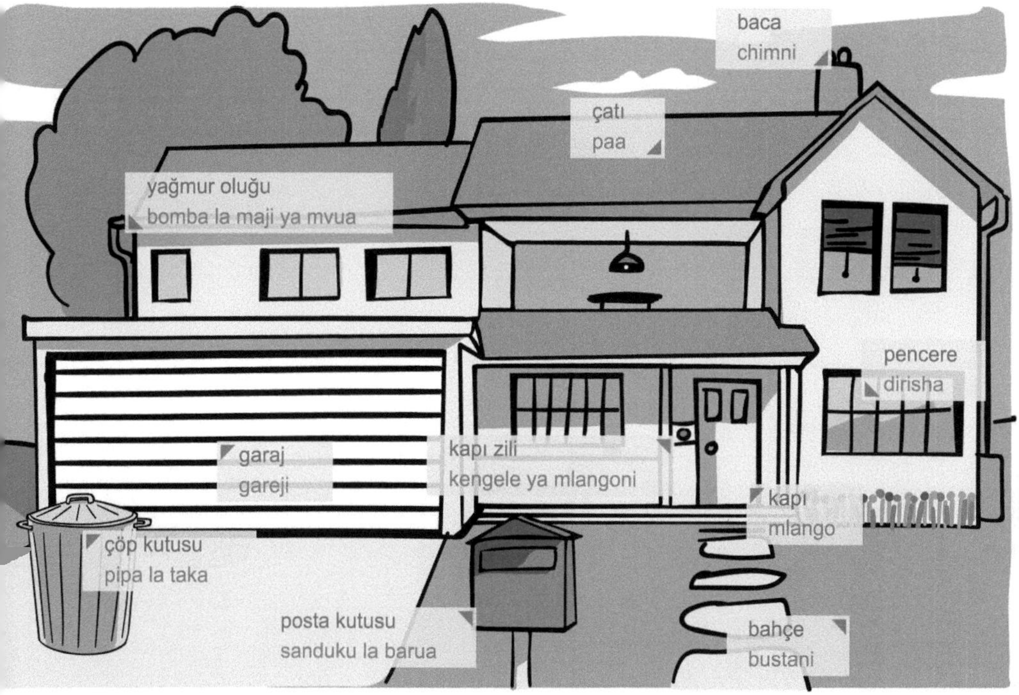

baca
chimni

çatı
paa

yağmur oluğu
bomba la maji ya mvua

pencere
dirisha

garaj
gareji

kapı zili
kengele ya mlangoni

kapı
mlango

çöp kutusu
pipa la taka

posta kutusu
sanduku la barua

bahçe
bustani

oturma odası
sebuleni

banyo
bafu

mutfak
jikoni

yatak odası
chumba cha kulala

çocuk odası
chumba ya mtoto

yemek odası
chumba cha kulia

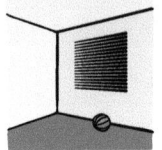

zemin
sakafu

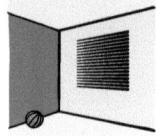

duvar
ukuta

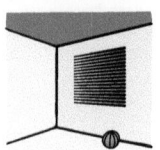

tavan
dari

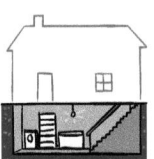

kiler
pishi

sauna
sauna

balkon
roshani

teras
mtaro

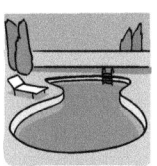

havuz
kidimbwi

çim biçme makinesi
mashine ya kukata nyasi

çarşaf
karatasi

yatak örtüsü
kitambaa cha kupamba
kitanda

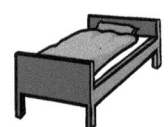

yatak
kitanda

süpürge
ufagio

kova
ndoo

anahtar
kubadili

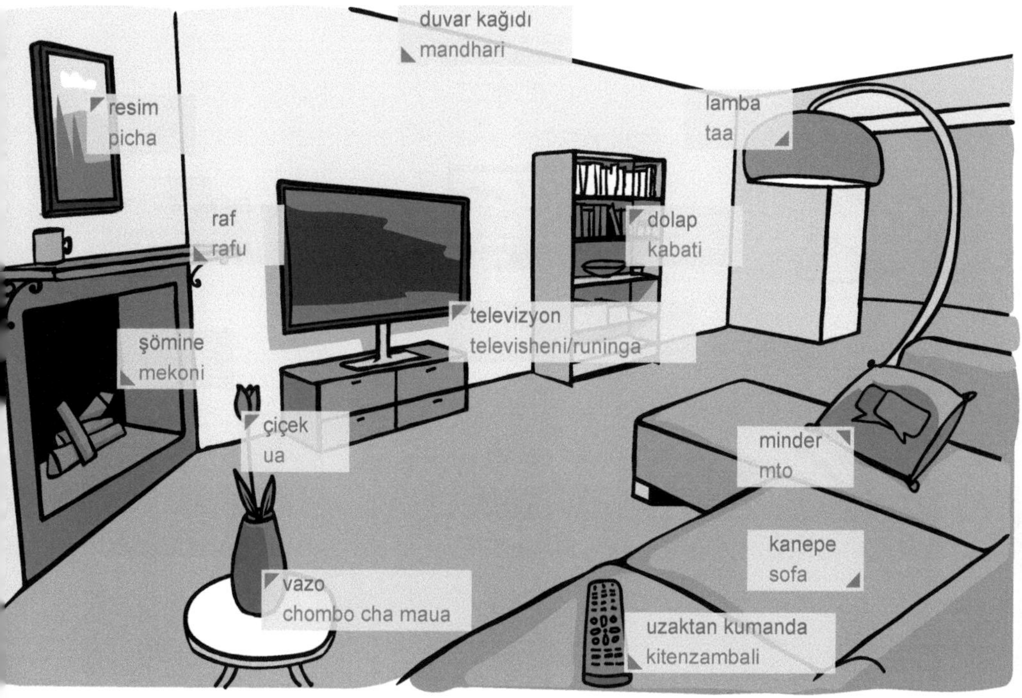

duvar kağıdı
mandhari

resim
picha

lamba
taa

raf
rafu

dolap
kabati

şömine
mekoni

televizyon
televisheni/runinga

çiçek
ua

minder
mto

kanepe
sofa

vazo
chombo cha maua

uzaktan kumanda
kitenzambali

halı
....
zulia

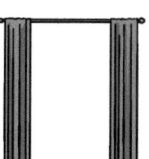

perde
....
pazia

masa
....
meza

sandalye
....
kiti

salıncaklı koltuk
....
kiti cha bembea

koltuk
....
armchair

kitap

kitabu

battaniye

blanketi

dekor

mapambo

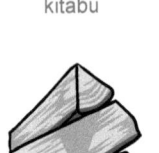

odun

kuni

film

filamu

hi-fi

kifaa cha hi-fi

anahtar

ufunguo

gazete

gazeti

tablo

uchoraji

poster

bango

radyo

redio

defter

daftari

elektrikli süpürge

kifyonza

kaktüs

dungusi kakati

mum

mshumaa

mutfak
jikoni

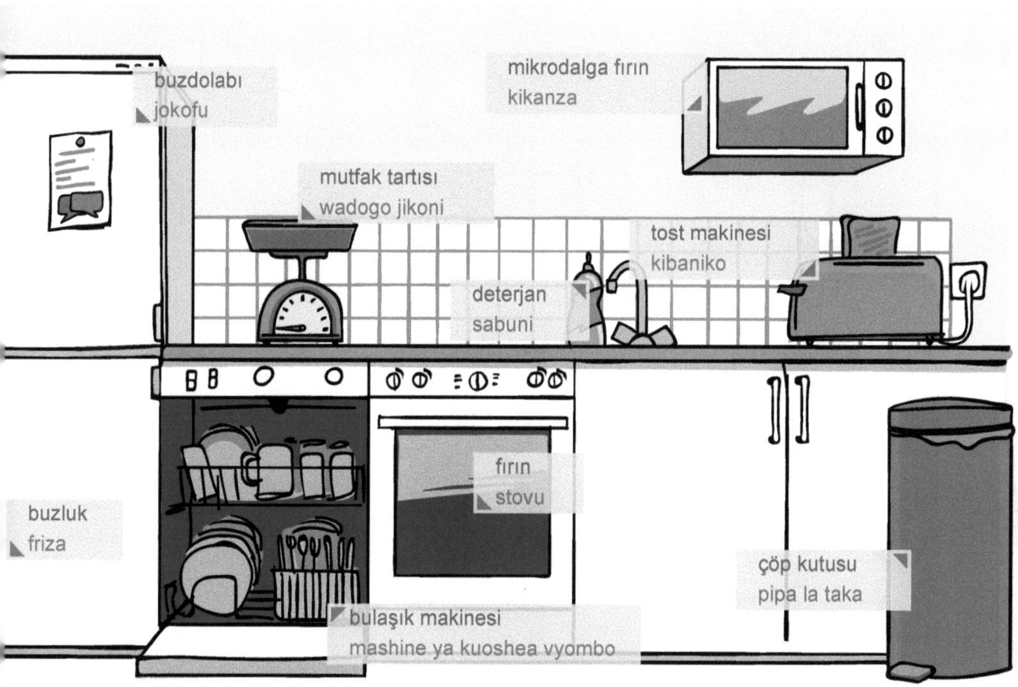
buzdolabı
jokofu
mikrodalga fırın
kikanza
mutfak tartısı
wadogo jikoni
tost makinesi
kibaniko
deterjan
sabuni
fırın
stovu
buzluk
friza
çöp kutusu
pipa la taka
bulaşık makinesi
mashine ya kuoshea vyombo

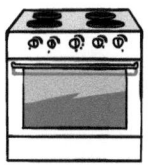

ocak

jiko la kupika

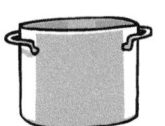

tencere

chungu

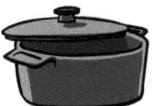

döküm tencere

sufuria ya chuma

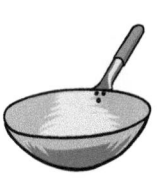

wok

wok / kadai

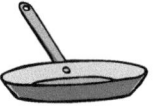

tava

kaango

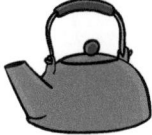

su ısıtıcı

birika

buharlı pişirici

stima

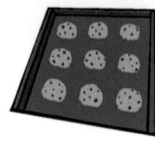

pişirme tepsisi

sinia ya kuoka

tabak takımı

vyombo vya udongo

kupa

kombe

kase

bakuli

çubuk (çin yemeği)

vijiti vya kulia

kepçe

ukawa

spatula

mwiko mpana

çırpma teli

burashi

süzgeç

kichujio

elek

chujio

rende

mbuzi

havan

chokaa

barbekü

barbeque

açık ateş

moto wazi

kesme tahtası

ubao wa majaribio

merdane

kijiti cha kusukuma unga

tirbüşon

kizibuo

konserve kutusu

kopo

konserve açacağı

inaweza kopo

fırın eldiveni

kishikio cha chungu

evye

karo

fırça

brashi

sünger

sifongo

blender

kisagaji matunda

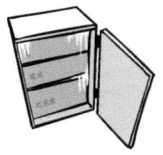

derin dondurucu

friji ya kina

biberon

chupa ya mtoto

musluk

bomba

banyo

bafu

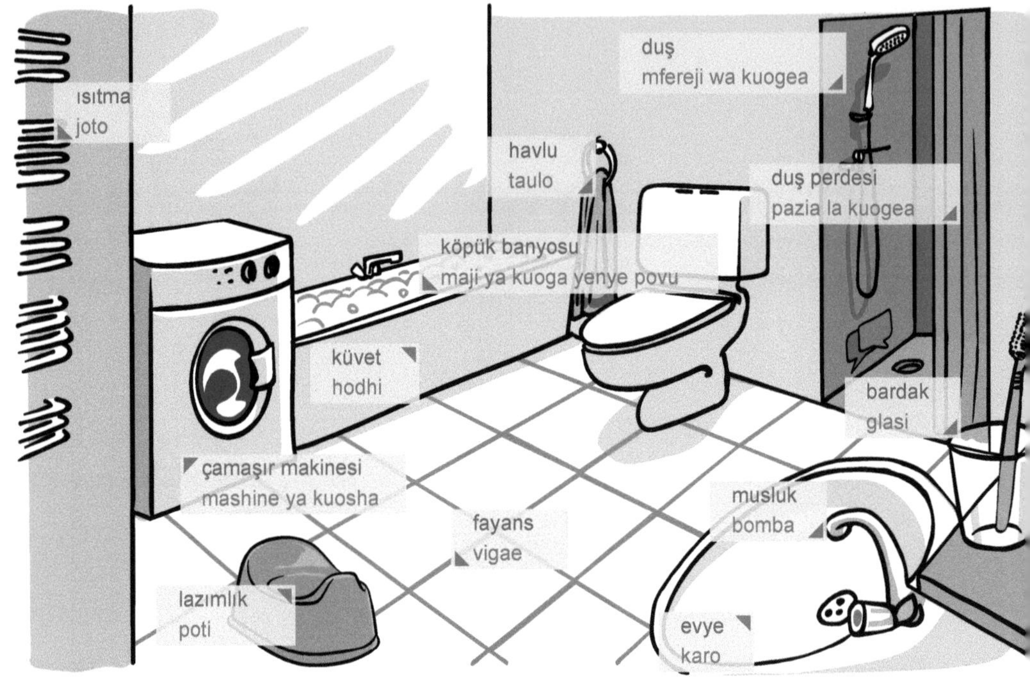

ısıtma
joto
duş
mfereji wa kuogea
havlu
taulo
duş perdesi
pazia la kuogea
köpük banyosu
maji ya kuoga yenye povu
küvet
hodhi
bardak
glasi
çamaşır makinesi
mashine ya kuosha
musluk
bomba
fayans
vigae
lazımlık
poti
evye
karo

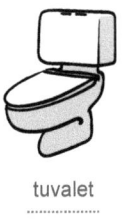

tuvalet

choo

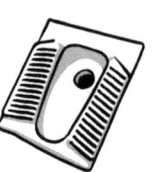

alaturka tuvalet

choo cha squat

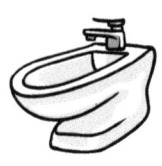

bide

beseni la mviringo

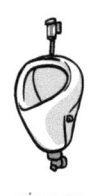

pisuvar

choo cha umma

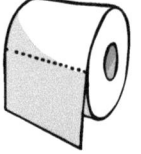

tuvalet kağıdı

shashi

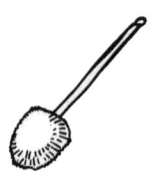

tuvalet fırçası

brashi ya choo

diş fırçası

mswaki

diş macunu

dawa ya meno

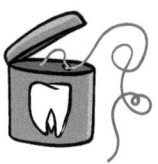

diş ipi

dawa ya meno

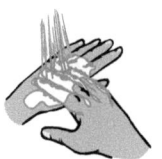

yıkamak

safisha

duş başlığı

kuoga mkono

duş başlığı şeklinde taharet musluğu

msukumo wa maji

küvet

bonde

banyo fırçası

mpako wa pili

sabun

sabuni

duş jeli

jeli ya kuogea

şampuan

shampuu

banyo lifi

flana

gider

toa maji

krem

krimu

deodorant

kiondoa harufu

ayna

kioo

el aynası

kioo mkono

jilet

kinyozi

tıraş köpüğü

povu la kunyoa

tıraş losyonu

baada ya kunyoa

tarak

kichana

fırça

brashi

saç kurutma makinesi

kikausha nywele

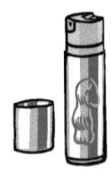

saç spreyi

marashi ya nyewele

makyaj

vipodozi

ruj

kidomwa

tırnak cilası

varnish ya msumari

pamuk

pamba

tırnak makası

mkasi wa kucha

parfüm

manukato

makyaj çantası

mkoba wa kuosha

tabure

kinyesi

tartı

mizani

bornoz

nguo ya kuoga

lastik eldiven

glavu za mpira

tampon

kisodo

kadın pedi

sodo

kimyevi tuvalet

kemikali choo

çocuk odası
chumba ya mtoto

çalar saat
saa ya kengele
peluş oyuncak
kidoli cha kupakata
oyuncak araba
gari bandia
çıngırak
kelele
bebek evi
chumba cha midoli
hediye
sasa

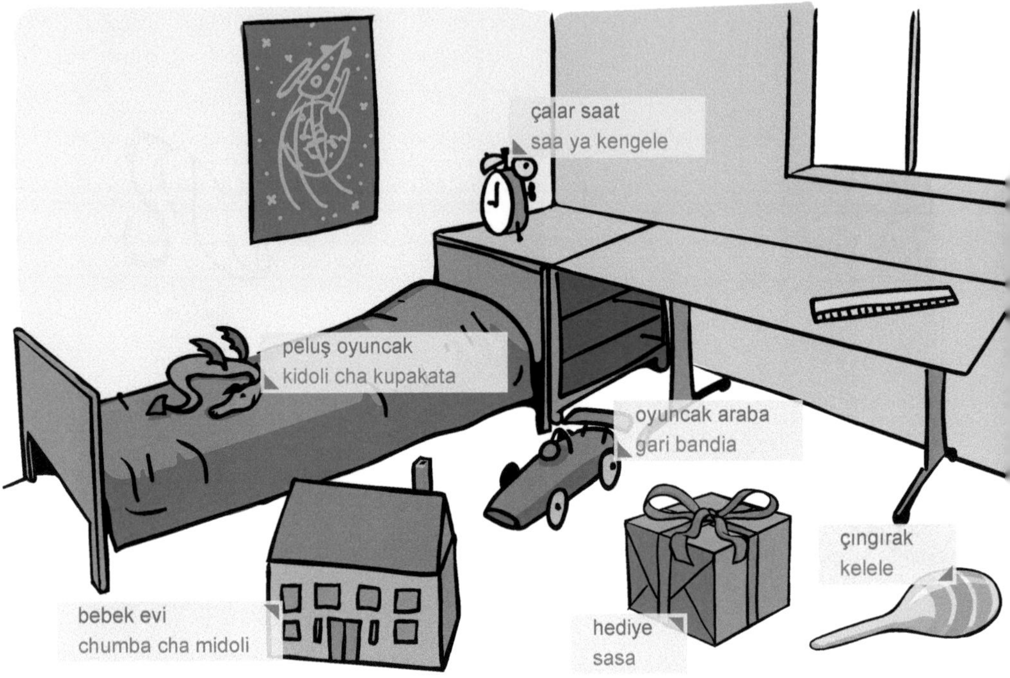

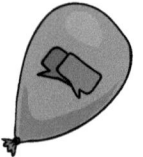

balon

baluni

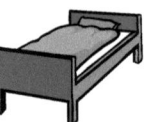

yatak

kitanda

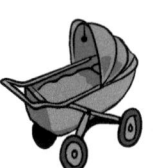

bebek arabası

mashua

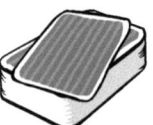

kart destesi

staha ya kadi

yapboz

mchezo-fumb

SUPER MEGA

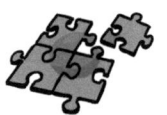

çizgi roman

vichekesho

lego tuğlaları

matofali lego

lego blokları

vitalu mwigo

aksiyon figürü

hatua takwimu

zıbın

suti ya kulalia

frizbi

kisahani

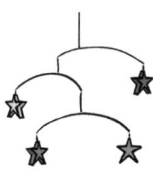

dönence

simu

masa oyunu

ubao wa michezo

zar

kete

model tren seti

garimoshi mwigo

emzik

dummy

parti

chama

resimli kitap

picha kitabu

top

mpira

oyuncak bebek

kikaragosi

oynamak

kucheza

kum havuzu

shimo la mchanga

salıncak

bembea

oyuncaklar

vitu bandia

video oyun konsolu

kiweko cha video ya mchezo

üç tekerlekli bisiklet

baiskeli ya magurudumu

matatu

oyuncak ayı

mwanasesere

gardırop

kabati

kıyafet

nguo

çorap

soksi

külotlu çorap

stokingi

tayt

kibano

eşarp
skafu

kemer
ukanda

şemsiye
mwavuli

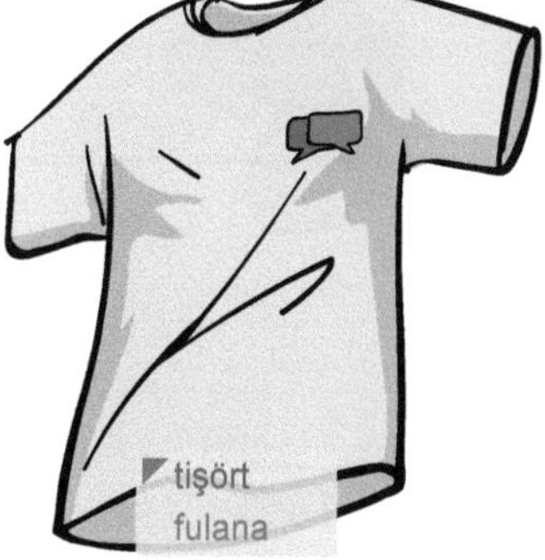

tişört
fulana

bot
viatu

terlik
ndara

spor ayakkabı
wakufunzi

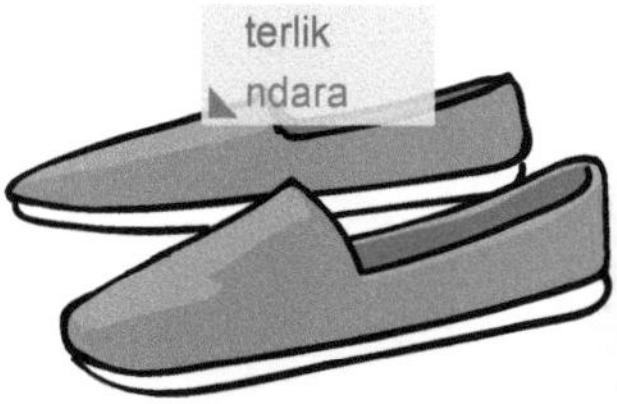

sandalet
....
malapa

ayakkabı
....
viatu

lastik çizme
....
mabuti ya mpira

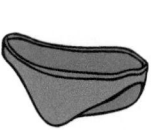

külot
....
suruali ya ndani

sütyen
....
sidiria

yelek
....
fulana

dar bluz

mwili

pantolon

suruali

kot pantolon

dangirizi

etek

sketi

bluz

blauzi

gömlek

shati

kazak

vuta

süveter

sweta

blazer

bleza

ceket

jaketi

mont

koti

yağmurluk

koti la mvua

kostüm

maleba

elbise

gauni

gelinlik

mavazi ya harusi

takım elbise
suti

gecelik
vazi la usiku

pijama
pajama

sari
sari

baş örtüsü
skafu

türban
kilemba

burka
burka

kaftan
kaftan

çarşaf
abaya

mayo
vazi la kuogelea

erkek mayosu
vazi la kiume la kuogelea

şort
kaptura

eşofman
teitei

önlük
aproni

eldiven
glavu

kıyafet - nguo

düğme
kifungo

gözlük
glasi

bilezik
bangili

kolye
mkufu

yüzük
pete

küpe
herini

kep
kofia

portmanto
kiango cha koti

şapka
kofia

kravat
tai

fermuar
zipu

kask
kofia

pantolon askısı
kanda za suruali

okul forması
sare za shule

üniforma
sare

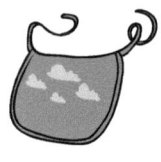

mama önlüğü

bibu

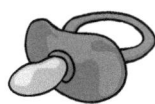

emzik

dummy

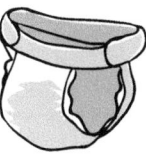

bebek bezi

nepi

ofis

ofisi

sunucu
seva
dosya dolabı
kabati la kuweka faili
yazıcı
kichapishaji
kağıt
karatasi
monitör
kiwambo
masa
dawati
fare
kipanya
klasör
folda
klavye
kibodi
çöp kutusu
u cha kuweka karatasi chafu
sandalye
kiti
bilgisayar
kompyuta

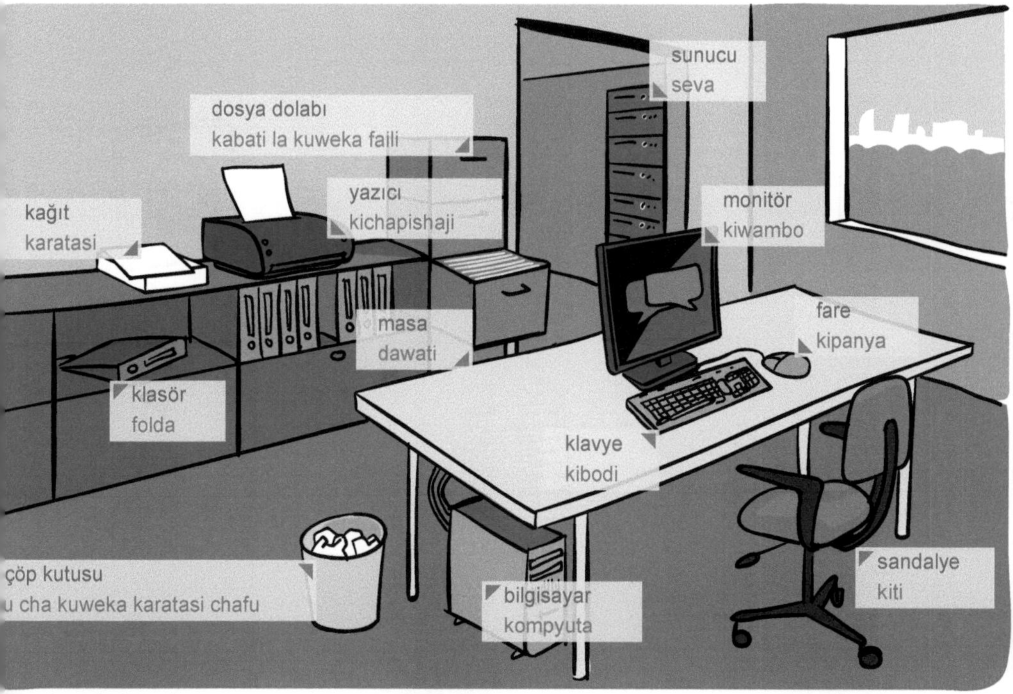

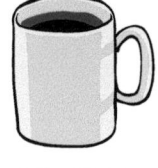

kahve fincanı

kmobe la kahawa

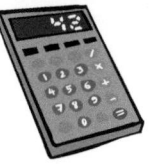

hesap makinesi

kikokotoo

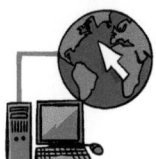

internet

biashara

dizüstü

mbali

mektup

barua

mesaj

ujumbe

cep telefonu

rununu

ağ

intaneti

fotokopi makinesi

fotokopia

yazılım

programu

telefon

simu

priz

soketi

faks makinesi

kipepesi

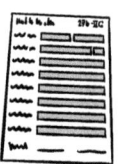

form

fomu

belge

hati

satın almak

kununua

ödemek

kulipa

ticaret yapmak

biashara

para

fedha

USD

dolar

dola

EUR

avro

yuro

JPY

yen

yeni

RUB

ruble

rouble

CHF

İsviçre frangı

faranga ya Uswisi

CNY

Çin yuanı

renminbi yuan

INR

rupi

rupia

kasa

eneo la kulipia

döviz bürosu

ofisi ya ubadilishanaji

altın

dhahabu

gümüş

fedha

petrol

mafuta

enerji

nishati

fiyat

bei

kontrat

mkataba

vergi

kodi

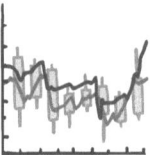

menkul değer

bidhaa

çalışmak

kazi

işveren

mfanyakazi

işçi

mwajiri

fabrika

kiwanda

mağaza

duka

ekonomi - uchumi

itfaiyeci
mzimamoto

polis memuru
afisa wa polisi

aşçı
mpishi

doktor
daktari

pilot
rubani

bahçıvan

mtunza bustani

marangoz

seremala

terzi

mshonaji

hakim

hakimu

kimyager

mwanakemia

aktör

muigizaji

otobüs şoförü

dereva wa basi

taksi şoförü

dereva wa teksi

balıkçı

mvuvi

temizlikçi

mwanamke wa kusafisha

çatı ustası

mwezekaji

garson

mhudumu

avcı

mwindaji

boyacı

mchoraji

fırıncı

mwokaji

elektrikçi

umeme

inşaatçı

mjenzi

mühendis

mhandisi

kasap

mchinjaji

muslukçu

fundi bomba

postacı

mwanaposta

asker
mwanajeshi

mimar
msanifu majengo

kasiyer
keshia

çiçekçi
muuza maua

kuaför
msusi

kondüktör
kondakta

tamirci
mekanika

kaptan
nahodha

dişçi
daktari wa meno

bilim insanı
mwanasayansi

haham
rabbi

imam
imamu

keşiş
mtawa

rahip
kasisi

aletler

zana

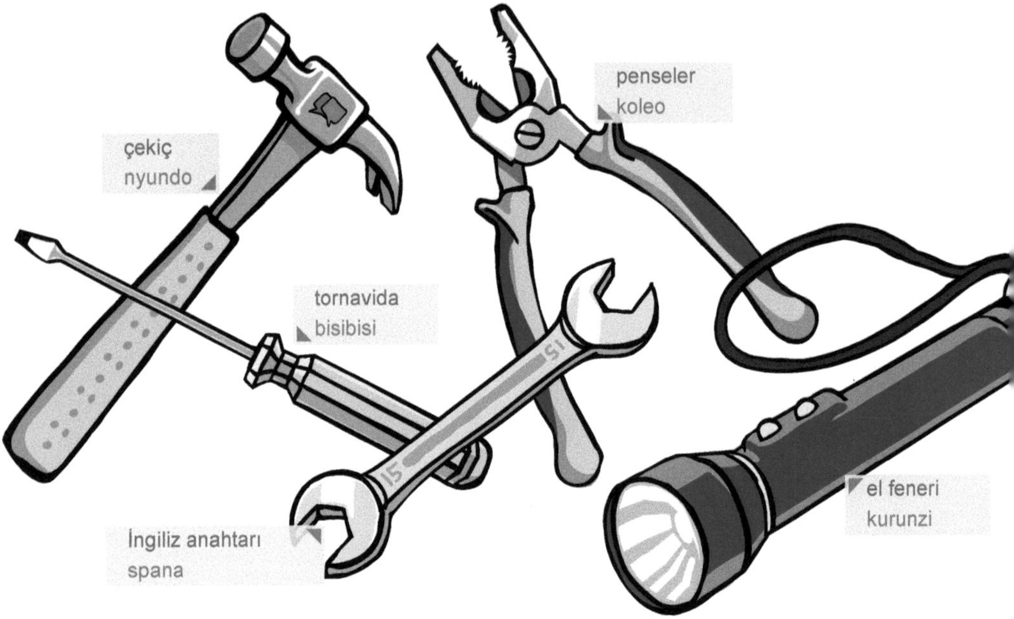

penseler
koleo
çekiç
nyundo
tornavida
bisibisi
İngiliz anahtarı
spana
el feneri
kurunzi

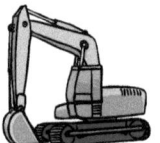

kazı makinesi

mchimbaji

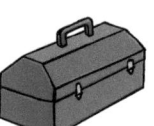

alet çantası

sanduku la vifaa

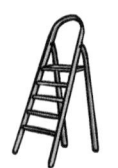

merdiven

ngazi

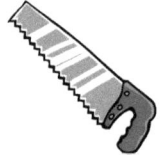

testere

msumeno

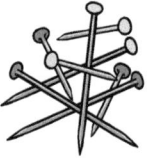

çiviler

misumari

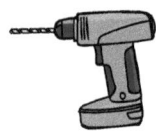

matkap

kuchimba visima

tamir etmek

kukarabati

kürek

sepetu

Kahretsin!

Lo!

faraş

kishikio cha uchafu

boya tenekesi

chungu cha rangi

vidalar

skurubu

müzik enstrümanı
ala za muziki

bateri seti
mpangilio wa ngoma

hoparlör
spika

gitar
gita

kontrbas
besi mara mbili

trompet
tarumbeta

piyano
piano

keman
fidla

basgitar
ubeji

timpani
timpani

bateri
ngoma

klavye
kibodi

saksafon
saksafoni

flüt
filimbi

mikrofon
maikrofoni

hayvanat bahçesi

bustani ya wanyama

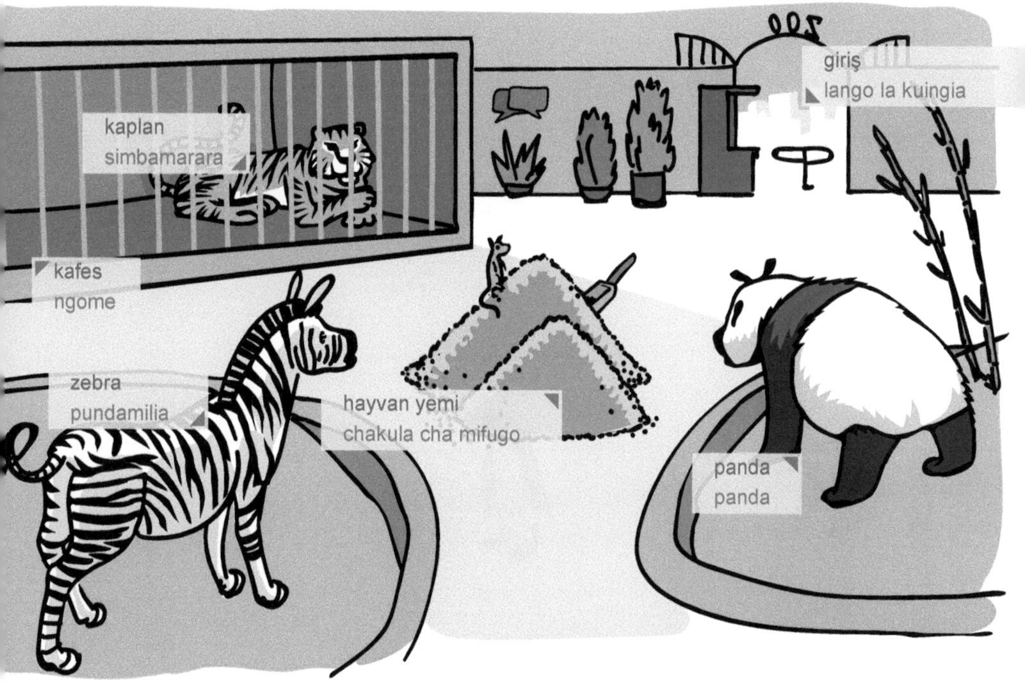

giriş
lango la kuingia
kaplan
simbamarara
kafes
ngome
zebra
pundamilia
hayvan yemi
chakula cha mifugo
panda
panda

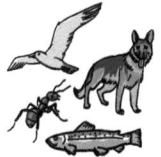

hayvanlar

wanyama

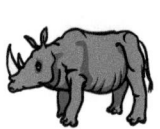

fil

tembo

kanguru

kangaruu

gergedan

kifaru

goril

sokwe

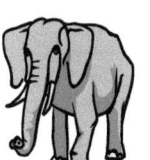

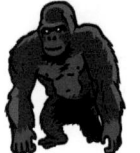

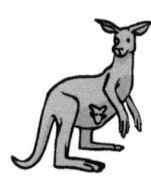

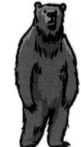

ayı

dubu

deve

ngamia

deve kuşu

mbuni

aslan

simba

maymun

tumbili

flamingo

heroe

papağan

kasuku

kutup ayısı

dubu

penguen

penguini

köpek balığı

papa

tavus kuşu

tausi

yılan

nyoka

timsah

mamba

hayvanat bahçesi görevlisi

mtunza wanyama

fok

muhuri

jaguar

jaguar

midilli atı

mwanafarasi

leopar

chui

su aygırı

kiboko

zürafa

twiga

kartal

tai

yaban domuzu

nguruwe mwitu

balık

samaki

kaplumbağa

kobe

mors

sili

tilki

mbweha

ceylan

paa

amerikan futbolu
soka ya marekani

bisiklete binme
uendeshaji baiskeli

tenis
tenisi

basketbol
mpira wa kikapu

yüzme
kuogelea

boks
ndondi

buz hokeyi
magongo ya barafuni

futbol
soka

badminton
vinyoya

atletizm
riadha

hentbol
mpira wa mikono

kayak
skii

polo
polo

etkinlikler
shughuli

atlamak
kuruka
sarılmak
kumbatia
gülmek
cheka
yürümek
kutembea
söylemek
kuimba
hayal etmek
ota ndoto
dua etmek
kuomba
öpmek
busu

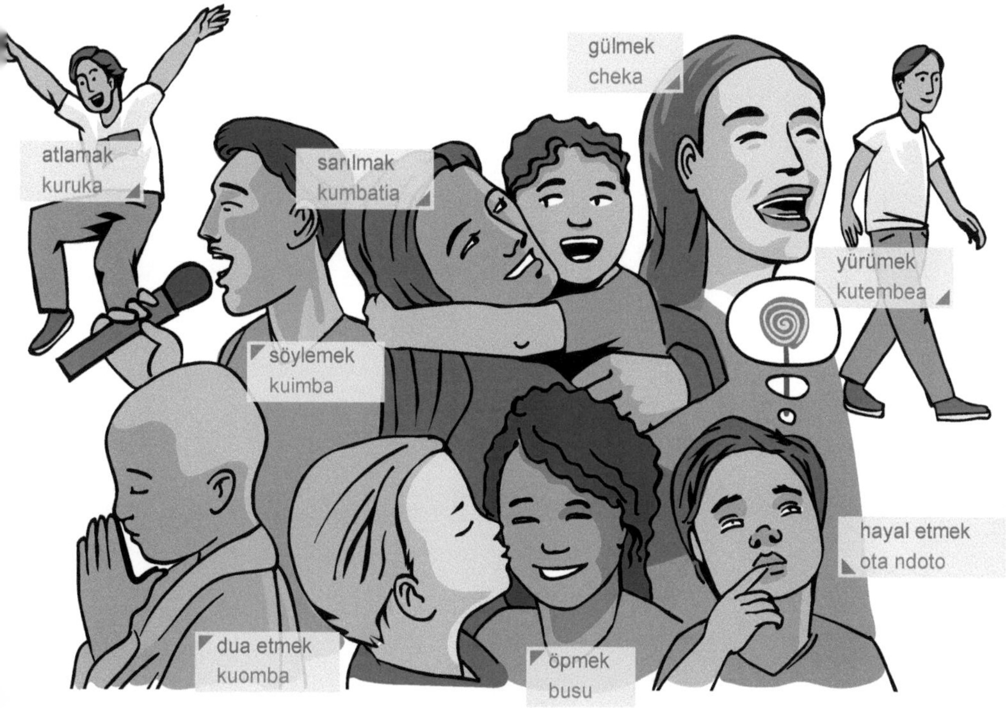

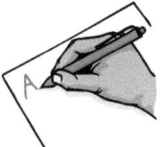

yazmak

kuandika

çizmek

kuteka

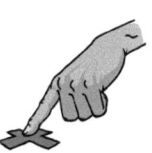

göstermek

angalia

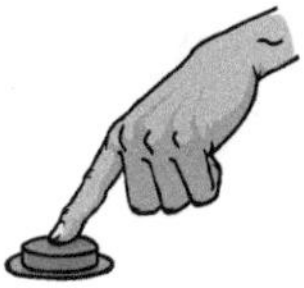

itmek

sukuma

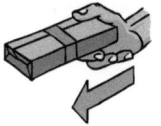

vermek

kutoa

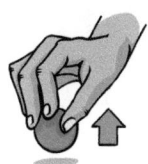

almak

kuchukua

sahip olmak
kuwa

yapmak
fanya

olmak
kuwa

ayakta durmak
kusimama

koşmak
kukimbia

çekmek
vuta

atmak
kutupa

düşmek
kuanguka

yalan söylemek
hadaa

beklemek
kusubiri

taşımak
kubeba

oturmak
kukaa

giyinmek
vaa nguo

uyumak
usingizi

uyanmak
kuamka

bakmak
kuangalia

ağlamak
lia

vurmak
kiharusi

taramak
chana nywele

konuşmak
ongea

anlamak
kuelewa

sormak
kuuliza

dinlemek
kusikiliza

içmek
kunywa

yemek
kula

düzenlemek
nadhifisha

sevmek
upendo

pişirmek
mpishi

sürmek
gari

uçmak
kuruka

denize açılmak
meli

hesapla
kokotoa

okumak
kusoma

öğrenmek
kujifunza

çalışmak
kazi

evlenmek
kuoa

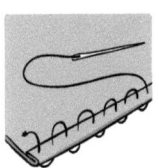

dikmek
kushona

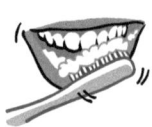

diş fırçalamak
piga mswaki

öldürmek
kuua

sigara içmek
moshi

yollamak
kutuma

büyükanne
bibi

büyükbaba
babu

baba
baba

anne
mama

bebek
mtoto

kız
binti

oğul
bin

misafir
....
mgeni

teyze
....
shangazi

amca
....
mjomba

erkek kardeş
....
kaka

kız kardeş
....
dada

vücut

mwili

alın
paji la uso
göz
jicho
omuz
bega
parmak
kidole
yüz
uso
çene
kidevu
el
mkono
bacak
mguu
göğüs
matiti
kol
mkono

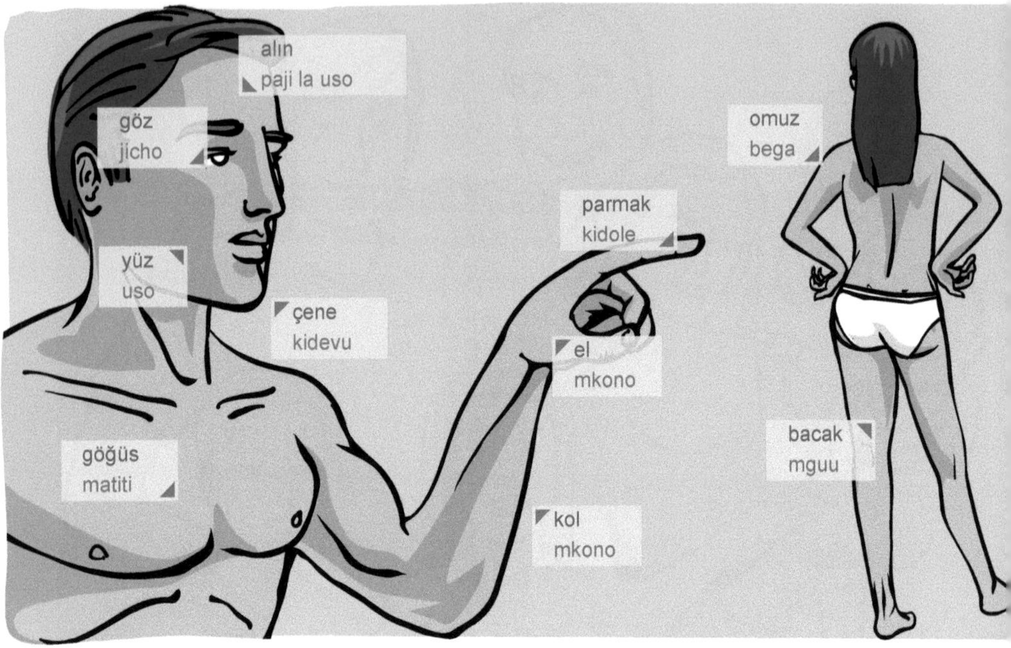

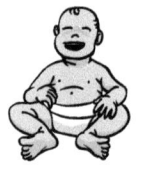

bebek

mtoto

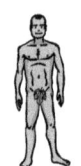

adam

mwanamume

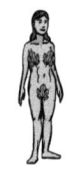

kadın

mwanamke

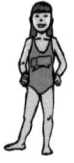

kız

msichana

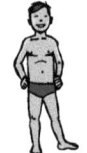

erkek çocuk

mvulana

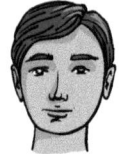

baş

kichwa

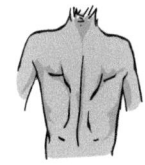

sırt

nyuma

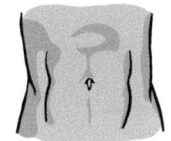

karın

tumbo

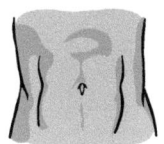

göbek

kitovu

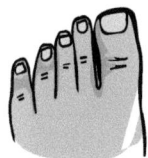

ayak parmağı

chano

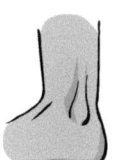

topuk

kisigino

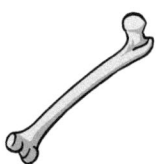

kemik

mfupa

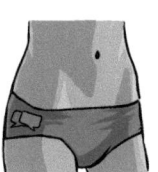

kalça

nyonga

diz

goti

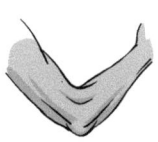

dirsek

kiwiko

burun

pua

kalça

chini

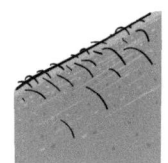

deri

ngozi

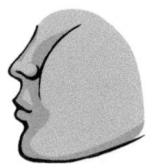

yanak

shavu

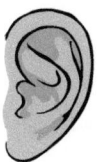

kulak

sikio

dudak

mdomo

ağız

kinywa

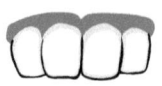

diş

jino

dil

ulimi

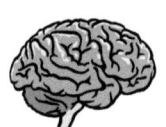

beyin

ubongo

kalp

moyo

kas

misuli

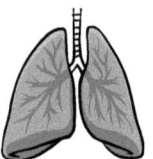

akciğer

pafu

karaciğer

ini

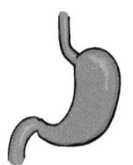

mide

tumbo

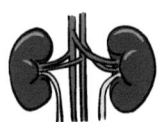

böbrekler

figo

seks

jinsia

prezervatif

kondomu

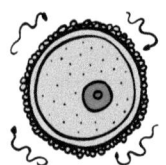

yumurtalık

ovari

sperm

shahawa

hamilelik

mimba

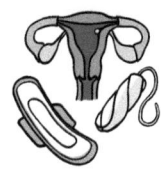

regl
hedhi

vajina
uke

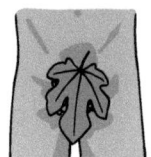

penis
uume

kaş
unyusi

saç
nywele

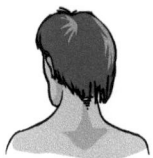

boyun
shingo

hastane
hospitali

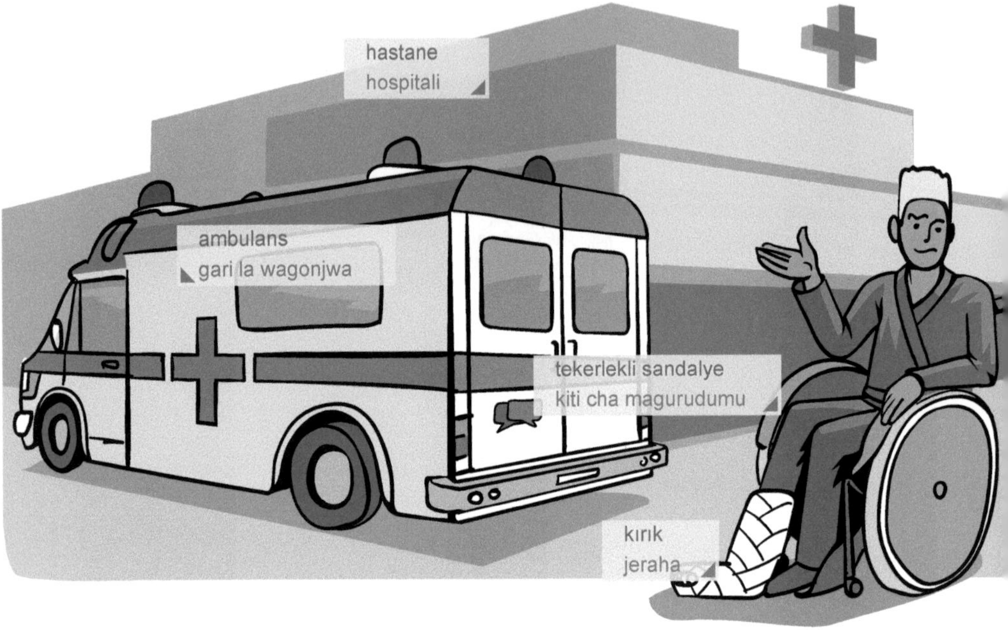

hastane
hospitali
ambulans
gari la wagonjwa
tekerlekli sandalye
kiti cha magurudumu
kırık
jeraha

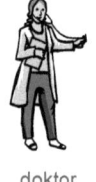

doktor
daktari

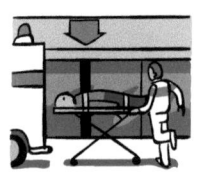

acil servis
chumba cha dharura

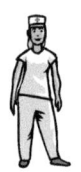

hemşire
muuguzi

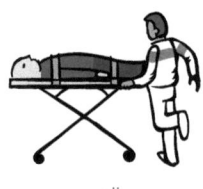

acil
dharura

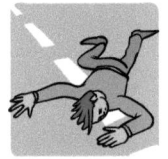

baygın
kupoteza fahamu

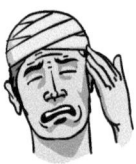

acı
maumivu

yaralanma

kuumia

kanama

kutokwa na damu

kalp krizi

mshtuko wa moyo

felç

kiharusi

alerji

mzio

öksürük

kikohozi

ateş

homa

grip

mafua

ishal

kuharisha

baş ağrısı

maumivu ya kichwa

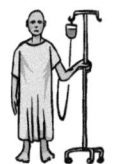

kanser

kansa

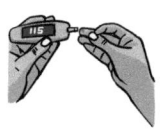

şeker hastalığı

ugonjwa wa kisukari

cerrah

daktari mpasuaji

neşter

kisu kidogo cha kupasulia

operasyon

operesheni

bilgisayarlı tomografi

picha changanufu ya mwili

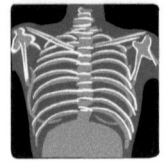

röntgen

Eksrei

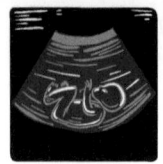

ultrason

mawimbi sauti

yüz maskesi

barakoa ya uso

hastalık

ugonjwa

bekleme odası

chumba cha kusubiri

koltuk değneği

mkongojo

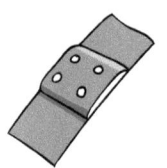

yara bandı

plasta

bandaj

bendeji

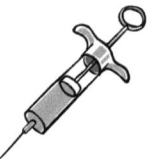

enjeksiyon

sindano

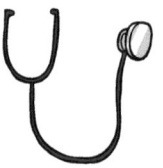

steteskop

stetoskopu

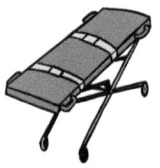

sedye

machela

tıbbi termometre

kipimajoto cha kliniki

doğum

kuzaliwa

fazla kilo

unene kupita kiasi

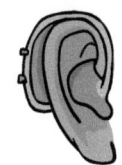

işitme cihazı

kusikia misaada

dezenfektan

kipukusi

enfeksiyon

maambukizi

virüs

virusi

HIV / AIDS

VVU / UKIMWI

ilaç

dawa

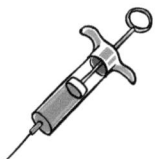

aşı

chanjo

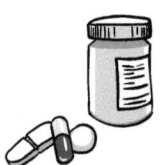

tablet

vidonge

hap

kidonge

acil çağrı

simu ya dharura

tansiyon aleti

haemodainamometa

hasta / sağlıklı

mgonjwa / mwenye afya

İmdat!

Msaada!

alarm

kengele

darp

pigo

saldırı

shambulizi

tehlike

hatari

acil çıkış

lango la dharura

Yangın!

Moto!

yangın tüpü

kizima moto

kaza

ajali

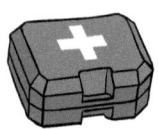

ilk yardım çantası

vifaa vya huduma ya kwanza

imdat

wito wa msaada

polis

polisi

Avrupa

Ulaya

Kuzey Amerika

Amerika ya Kaskazini

Güney amerika

Amerika ya Kusini

Afrika

Afrika

Asya

Asia

Avustralya

Australia

Atlantik

Atlantiki

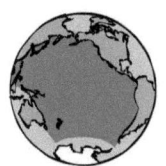

Pasifik

Pasifiki

Hint Okyanusu

Bahari ya Hindi

Antarktika Okyanusu

Bahari ya Antaktiki

Arktik Okyanusu

Bahari ya Aktiki

Kuzey Kutbu

Ncha ya Kaskazini

Güney Kutbu

Ncha ya Kusini

Antarktika

Antaktika

dünya

dunia

kara

nchi

deniz

bahari

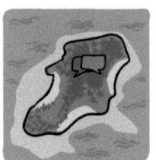

ada

kisiwa

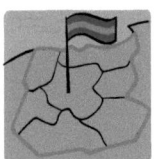

ulus

taifa

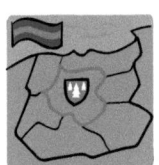

ülke

jimbo

dünya - dunia

kadran

uso wa saa

akrep

akrabu ya saa

yelkovan

akrabu ya dakika

saniye ibresi

akrabu ya sekunde

Saat kaç?

Ni saa ngapi?

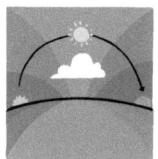

gün

siku

zaman

wakati

şimdi

sasa

dijital saat

saa ya dijitali

dakika

dakika

saat

saa

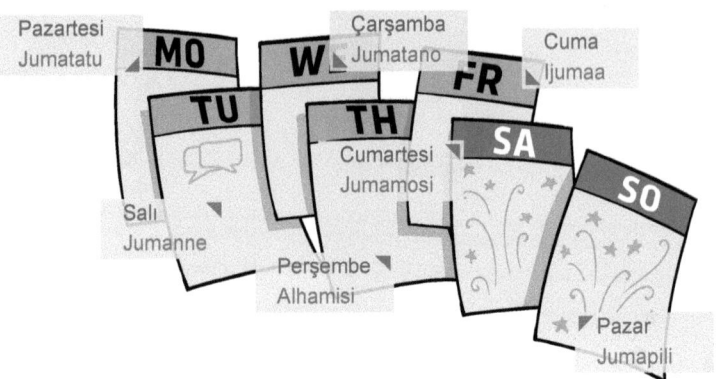

Pazartesi — Jumatatu
Çarşamba — Jumatano
Cuma — Ijumaa
Salı — Jumanne
Cumartesi — Jumamosi
Perşembe — Alhamisi
Pazar — Jumapili

dün
jana

bugün
leo

yarın
kesho

sabah
asubuhi

öğle
saa sita mchana

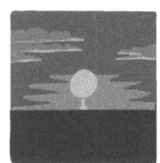

akşam
jioni

MO	TU	WE	TH	FR	SA	SU
1	2	3	4	5	6	7
8	9	10	11	12	13	14
15	16	17	18	19	20	21
22	23	24	25	26	27	28
29	30	31	1	2	3	4

iş günleri
siku za biashara

MO	TU	WE	TH	FR	SA	SU
1	2	3	4	5	6	7
8	9	10	11	12	13	14
15	16	17	18	19	20	21
22	23	24	25	26	27	28
29	30	31	1	2	3	4

hafta sonu
mwishoni mwa wiki

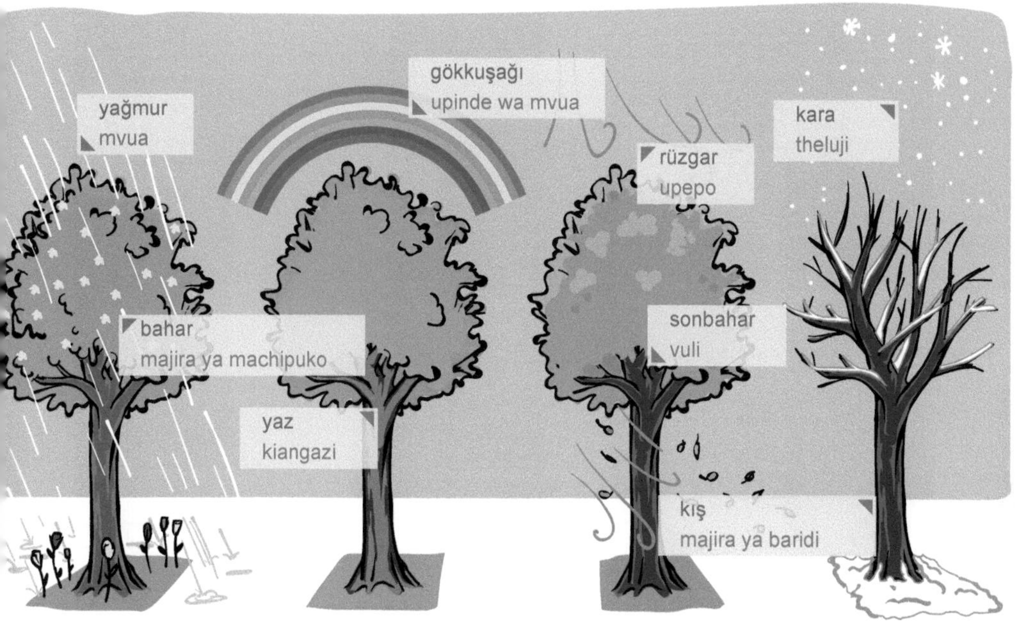

yağmur
mvua
gökkuşağı
upinde wa mvua
rüzgar
upepo
kara
theluji
bahar
majira ya machipuko
sonbahar
vuli
yaz
kiangazi
kış
majira ya baridi

4.APRIL 11°
5.APRIL 4°
6.APRIL 13°
7.APRIL 8°
8.APRIL 10°

hava durumu tahmini

utabiri wa hali ya hewa

F
C
120
90
60
30
0
-30
40
30
20
10
0
-10
-20

termometre

kipimajoto

güneş ışığı

mwanga wa jua

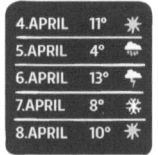

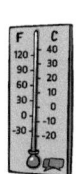

bulut

wingu

sis

ukungu

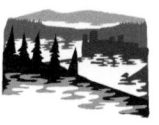

nem

unyevu

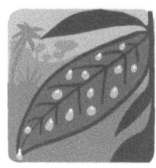

şimşek
umeme

gök gürültüsü
radi

fırtına
dhoruba

dolu
mvua ya mawe

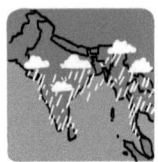

muson
monsuni

sel
mafuriko

buz
barafu

Ocak
Januari

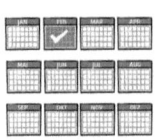

Şubat
Februari

Mart
Machi

Nisan
Aprili

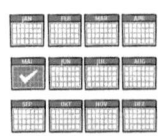

Mayıs
Mei

Haziran
Juni

Temmuz
Julai

Ağustos
Agosti

yıl - mwaka

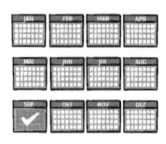

Eylül
....
Septemba

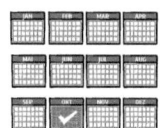

Ekim
....
Oktoba

Kasım
....
Novemba

Aralık
....
Desemba

şekiller
maumbo

daire
....
mduara

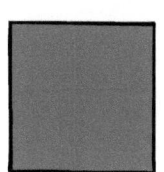

kare
....
mraba

dikdörtgen
....
mstatili

üçgen
....
pembetatu

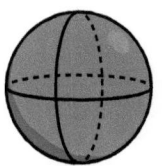

küre
....
nyanja

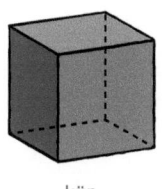

küp
....
mchemraba

beyaz

nyeupe

sarı

manjano

turuncu

chungwa

pembe

rangi ya waridi

kırmızı

nyekundu

mor

hudhurungi

mavi

bluu

yeşil

kijani

kahverengi

hanja

gri

jivujivu

siyah

nyeusi

çok / az
mengi / kidogo

kızgın / sakin
hasira / pole

güzel / çirkin
nzuri / mbaya

başlangıç / son
mwanzo / mwisho

büyük / küçük
kubwa / ndogo

parlak / karanlık
angavu / giza

erkek kardeş / kız kardeş
kaka / dada

temiz / kirli
safi / chafu

tamam / eksik
kamilika / tokamilika

gün / gece
siku / usiku

ölü / canlı
wafu / hai

geniş / dar
pana / nyembamba

yenilebilir / yenilemez

kulika / kutolika

kötü / iyi

ovu / ema

heyecanlı / sıkılmış

sisimkwa / udhika

şişman / zayıf

nene / nyembamba

ilk / son

kwanza / mwisho

dost / düşman

rafiki / adui

dolu / boş

jaa / tupu

sert / yumuşak

ngumu / laini

ağır / hafif

nzito / nyepesi

açlık / susuzluk

njaa / kiu

hasta / sağlıklı

mgonjwa / mwenye afya

yasa dışı / yasal

haramu / kisheria

zeki / aptal

akili / kijinga

sol / sağ

kushoto / kulia

yakın / uzak

karibu / mbali

zıt anlamlılar - kinyume

yeni / kullanılmış

mpya / kutumika

hiçbir şey / bir şey

kitu / jambo

yaşlı / genç

zee / changa

açma / kapama

waka / zima

açık / kapalı

wazi / fungwa

sessiz / gürültülü

utulivu / kelele

zengin / fakir

tajiri / masikini

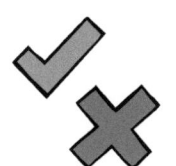

doğru / yanlış

sahihi / kosa

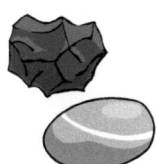

pürüzlü / düz

mbaya / laini

üzgün / mutlu

huzunika / furahia

kısa / uzun

fupi /ndefu

yavaş / hızlı

polepole / haraka

ıslak / kuru

nyevu / kavu

sıcak / serin

joto / baridi

savaş / barış

vita / amani

0	**1**	**2**
sıfır	bir	iki
sufuri	moja	mbili

3	**4**	**5**
üç	dört	beş
tatu	nne	tano

6	**7**	**8**
altı	yedi	sekiz
sita	saba	nane

9	**10**	**11**
dokuz	on	on bir
tisa	kumi	kumi na moja

12

on iki

kumi na mbili

13

on üç

kumi na tatu

14

on dört

kumi na nne

15

on beş

kumi na tano

16

on altı

kumi na sita

17

on yedi

kumi na saba

18

on sekiz

kumi na nane

19

on dokuz

kumi na tisa

20

yirmi

ishirini

100

yüz

mia

1.000

bin

elfu

1.000.000

milyon

milioni

İngilizce

Kiingereza

Amerikan İngilizcesi

Kiingereza cha Marekani

Çince (Mandarin)

Kimandarini cha Uchina

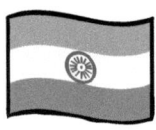

Hintçe

Kihindi

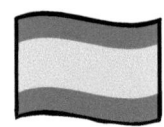

İspanyolca

Kihispania

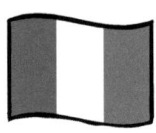

Fransızca

Kifaransa

Arapça

Kiarabu

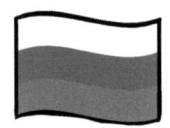

Rusça

Kirusi

Portekizce

Kireno

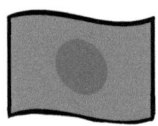

Bengalce

Kibengali

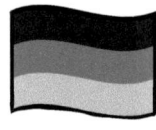

Almanca

Kijerumani

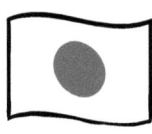

Japonca

Kijapani

ben
mimi

sen
wewe

o
yeye / yeye / ni

biz
sisi

siz
wewe

onlar
wao

kim?
nani?

ne?
nini?

nasıl?
jinsi gani?

nerede?
wapi?

ne zaman?
lini?

isim
jina

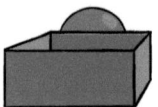

arkasında

nyuma

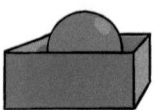

içinde

katika

önünde

mbele ya

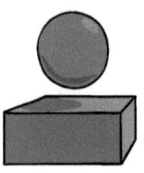

üzerinde

juu ya

üstünde

kwenye

altında

chini ya

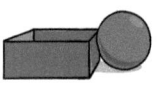

yanında

kando

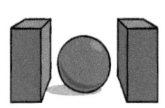

arasında

kati

yer

mahali